Pintar con las manos

Ray Gibson

Diseño e ilustraciones: Amanda Barlow
Redacción: Jenny Tyler

Traducción:
Isabel Sánchez Gallego

Sumario

Arañas con lunares	2	Formas diferentes	18
Gatos	4	Caracoles en un charco	20
Un pez arco iris	6	Icebergs	22
Doblar y desdoblar	8	Un ángel	24
Un cohete	10	Un cocodrilo	26
Montones de flores	12	Erizos	28
Un búho en un árbol	14	La selva	30
Un campo lleno de conejos	16	Monstruos	32

Arañas con lunares

1. Moja el dedo en la pintura y haz un redondel para el cuerpo.

2. Haz 8 patas con la punta del dedo.

3. Ponle dos ojos grandes en blanco y haz un puntito negro en cada uno.

Si añades un poco de harina a la pintura, se pone espesa y se seca antes.

4. Ponle lunares por
todas partes.

3

Gatos

1. Pinta con el dedo un círculo grande para el cuerpo.

2. Haz un círculo más pequeño para la cabeza.

3. Dibuja las orejas y el rabo con la punta del dedo.

4. Dibuja los bigotes. Haz los ojos y la nariz con el dedo.

5. Píntale unos mofletes, una barriga y unos pies de color blanco.

5

Un pez arco iris

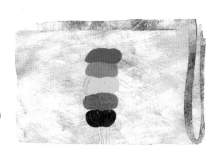

1. Pon pintura de varios colores en un periódico con una cuchara.

2. Pon la mano encima de la pintura y después encima de una hoja de papel.

3. Gira el dibujo como ves aquí y haz una cola con la punta del dedo.

4. Dibuja un ojo y añade unas manchitas de colores.

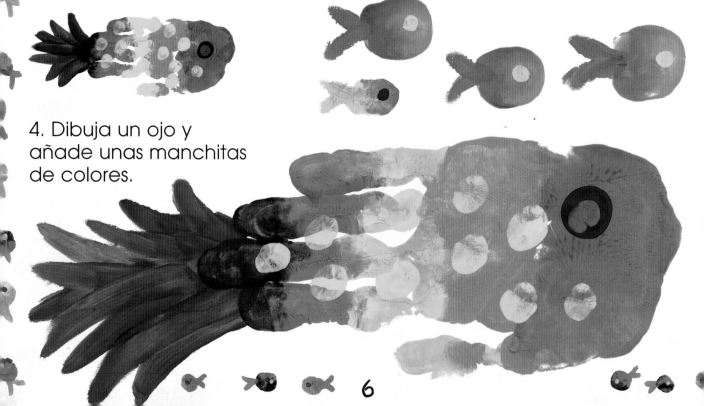

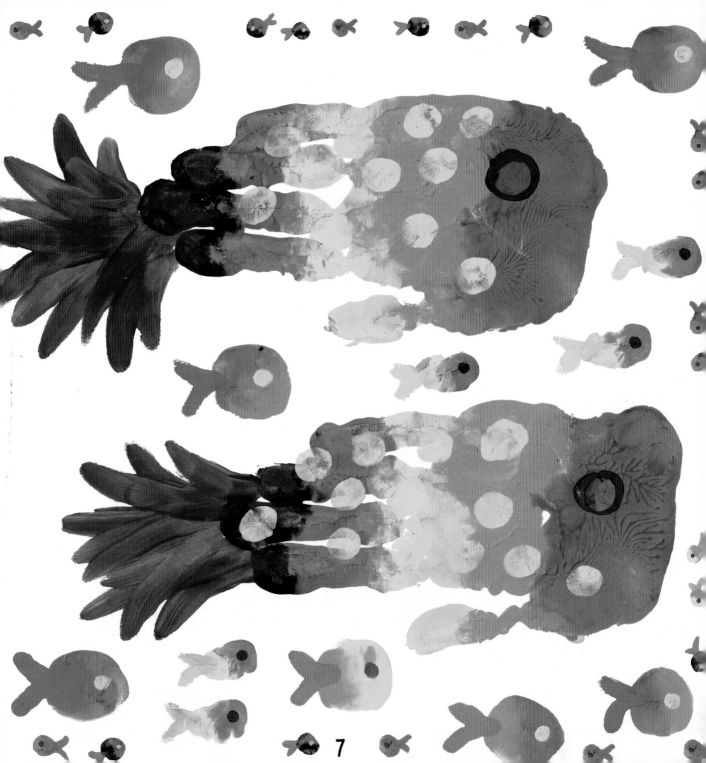

Doblar y desdoblar

1. Dobla una hoja de papel y desdóblala. Moja una mano en pintura.

2. Con la mano haz una marca en una de las mitades del papel.

3. Lávate las manos. Dobla el papel y apriétalo bien.

4. Desdóblalo y
ponle más manchas
en uno de los lados.

5. Dóblalo y apriétalo
otra vez. Vuelve a
desdoblarlo.

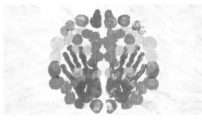

6. Haz más manchas
de otros colores con
los dedos.

Un cohete

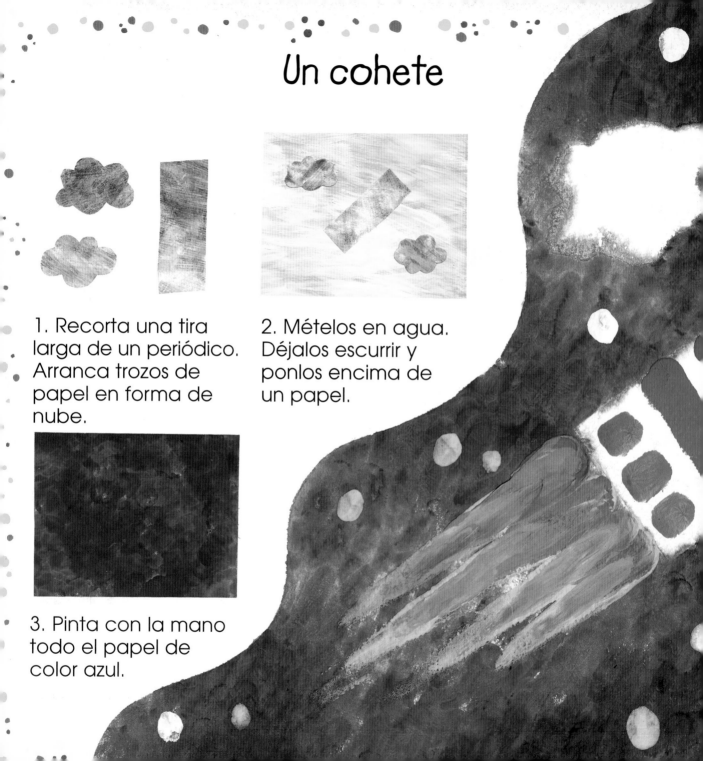

1. Recorta una tira larga de un periódico. Arranca trozos de papel en forma de nube.

2. Mételos en agua. Déjalos escurrir y ponlos encima de un papel.

3. Pinta con la mano todo el papel de color azul.

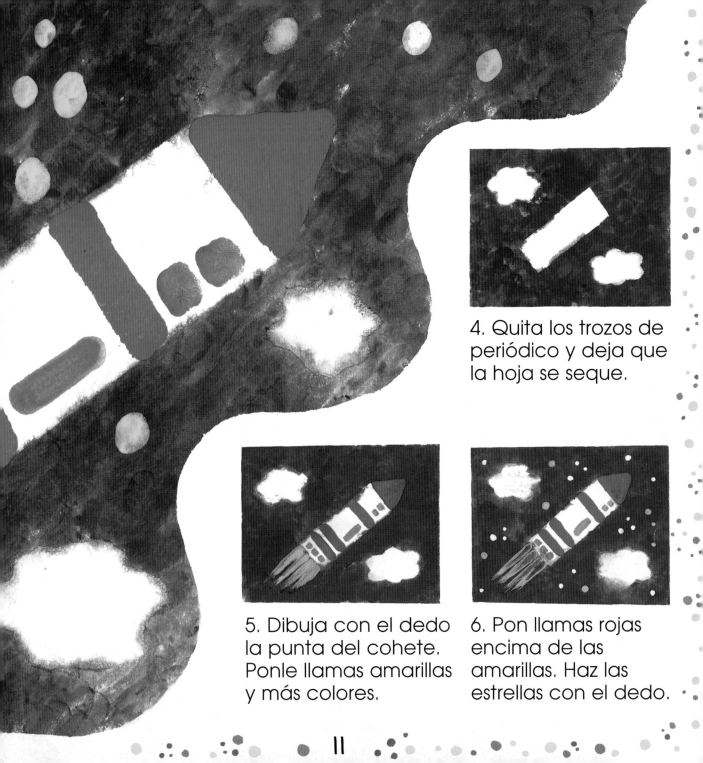

4. Quita los trozos de periódico y deja que la hoja se seque.

5. Dibuja con el dedo la punta del cohete. Ponle llamas amarillas y más colores.

6. Pon llamas rojas encima de las amarillas. Haz las estrellas con el dedo.

Montones de flores

1. Moja el dedo en pintura morada y haz un redondel.

2. Haz redondeles azules alrededor del morado.

1. Moja dos dedos en pintura, uno de cada color. Haz un redondel.

2. Dibuja hojas verdes con el dedo.

1. Haz una marca con el dedo pulgar.

2. Haz más marcas debajo y al final haz un tallo verde.

Un búho en un árbol

1. Moja un papel con la mano. Pon pintura amarilla, naranja y roja como aquí.

2. Moja un dedo en pintura negra para dibujar un tronco como éste.

3. Con más pintura negra dibuja algunas ramas largas.

4. Haz ramas más pequeñas y dibuja un seto en el borde.

5. Dibuja un búho en el árbol y ponle unos ojos bien grandes.

6. Dibuja la luna con el dedo y haz puntos para las estrellas.

Un campo lleno de conejos

1. Haz marcas amarillas con la mano en el papel. Después haz marcas verdes.

2. Encima de las marcas verdes haz un cuerpo de conejo como éste.

3. Dibuja la cabeza.

Haz flores por
el campo
con la punta
del dedo.

4. Haz las patas y
las orejas.

5. Ponle un rabito blanco.

Formas diferentes

1. Dobla una hoja de papel y recorta trozos de diferente forma por el lado doblado.

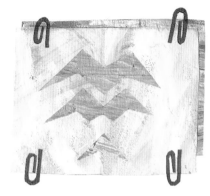

2. Desdobla la hoja y sujétala con clips a otra hoja.

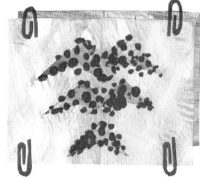

3. Haz puntos con el dedo encima de los huecos recortados.

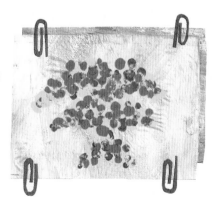

4. Sigue haciendo puntos de otros colores hasta cubrir los huecos.

5. Levanta la hoja de arriba para ver el dibujo que ha salido.

Caracoles en un charco

1. Moja el papel con la mano. Dibuja el agua con los dedos manchados de pintura. Déjalo secar.

2. En un papel diferente haz un círculo verde con el dedo.

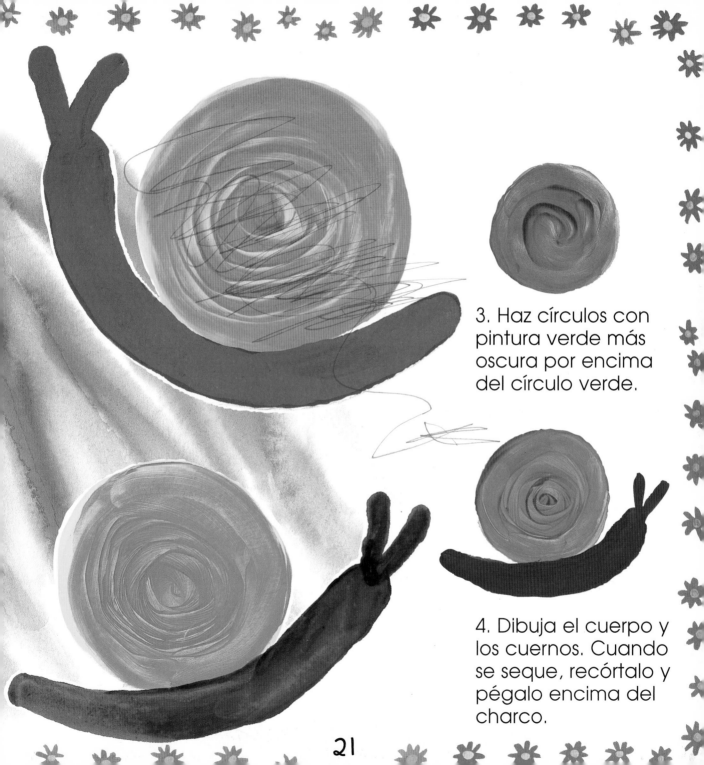

3. Haz círculos con pintura verde más oscura por encima del círculo verde.

4. Dibuja el cuerpo y los cuernos. Cuando se seque, recórtalo y pégalo encima del charco.

21

Icebergs

1. Arranca un trozo de papel del borde de una hoja de periódico. Mójalo.

2. Ponlo encima de una hoja de papel. Coloca más icebergs.

3. Con las manos, ve cubriendo toda la hoja de pintura azul.

4. Dale unos toques de verde y después un poco de blanco.

5. Quita con cuidado los trozos de periódico y verás los icebergs.

6. Haz una canoa con el dedo. Dibuja los pescadores.

Un ángel

1. Haz una marca con la mano en el centro de la hoja. Será el vestido.

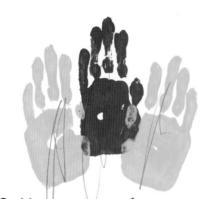

2. Un poco más abajo, haz otras dos marcas. Serán las alas.

3. Dale la vuelta al dibujo. Haz un círculo con el dedo para la cabeza.

4. Haz los brazos y las manos con la punta del dedo.

5. Después el pelo y la corona.

6. Haz unos puntitos para los ojos y la nariz. Dibuja una sonrisa.

Un cocodrilo

1. Haz una marca verde con el puño.

2. Haz más marcas iguales debajo.

3. Coloca el dibujo como ves aquí y haz la boca con el dedo.

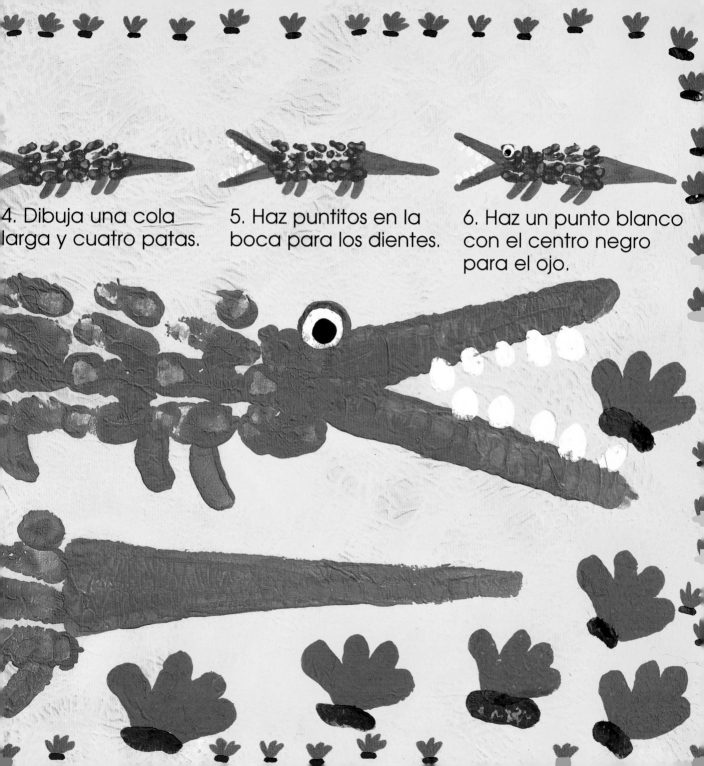

4. Dibuja una cola
larga y cuatro patas.

5. Haz puntitos en la
boca para los dientes.

6. Haz un punto blanco
con el centro negro
para el ojo.

Erizos

1. Con el dedo, dibuja un cuerpo como éste haciendo círculos.

2. Haz un lado más alargado para el hocico.

3. Dibuja un ojo y la nariz con la punta del dedo.

4. Dibújale púas por todo el cuerpo.

La selva

1. Moja un papel grande y déjalo escurrir.

2. Haz un punto verde con el dedo y ponle hojas alrededor.

3. Haz más dibujos en verde claro y en verde oscuro. Déjalos secar.

4. Dibuja con el dedo el cuerpo de un pájaro y ponle alas.

5. Haz el ojo y el pico. Pinta la punta de las alas y de la cola.

6. Dibuja flores en la selva con puntos de colores.

Monstruos

1. Haz una mancha como ésta con el dedo.

2. Hazle pinchos de un color diferente alrededor.

3. Dibújale ojos, patas y pies con la punta del dedo.